Norbert Scneurıg

(Neckar – Odenwald Brecht)

Wer versteht wird erkennen

Copyright 2015 by Norbert Scheurig

Herstellung und Verlag:
BoD - Books on Demand, Norderstedt
ISBN 978-3-7386-2972-9

Liebe Leser

Meine persönliche Lyrik ist eine
gewisse Kunst meiner Gedanken,
manchen Geistesblitz sofort in
Gedichtform nieder zu schreiben
und ohne Änderung so belassen,
wie es mir eingefallen ist.
Ich freue mich wenn man meine
Gedanken versteht und erkennt
was ich zu sagen habe.

Euer Norbert Scheurig
von Freunden
als Neckar-Odenwald Brecht
benannt!

Unsinn und Wahnsinn

Unsinn und Wahnsinn,
vereinigen sich.
Gebären Leben
der neuen Zunft.

Worte,
dass alle Menschen
gleich sind,
werden zum Erfolg.

Wahnsinn der Wahrheit,
Dummheit stirbt!
Kreischen vergeht,
wir leben.

In Frieden, im Wissen
nach Vergänglichkeit.
Alle gemeinsam,
zusammen!

Ach

Ach wie sind wir Menschen klein.
Ach,
was wird am Ende sein.
Ach,
wird einst man an uns denken.
oder bald vergessen sein?

Irgendwie
so glaube ich,
dass der Gute,
sicherlich,
sehr schnell wird vergessen.

Der Böse aber,
so wird es sein,
im Geschichtsbuch,
meist vorhanden sein

Meine Brille.

Es ist mein Wille,

mit meiner Brille,

viel zu erkennen,

beim Namen es nennen.

Ohne sie,

beug ich mein Knie,

bin dann verloren,

werde geschoren.

Drum sehe ich mit Brille

noch manche Stille,

eine bessere Welt,

die mir gefällt.

Wenn ich denke

Ach, wenn ich denke,
kommt selten vor,
denke ich an unsere Erde,
dass manches besser werde.

Ab und zu, das gebe ich zu,
denk ich an Bewohner
und sonstiges Getier,
unseres Planeten Zier.

Klar ich denke auch an Menschen,
wenn sie sich selber töten,
überall auf dieser Welt,
mir das Wort im Munde fehlt.

Ok, Ich denk ab heute mit,
für alle Menschen wär`s ein Hit,
sich von allem zu befreien
Lasst Menschlichkeit gedeihen.

Am Fuß des Regenbogens,

Unterm Baum hab ich gesucht,
nach Gold und Geld,
verdammt verflucht.
Gefunden habe ich viele Steine,
ich denk ihr wisst schon was ich meine.

Essen gehen !

Gemeinsam essen geh´ n
ist wunderschön.
Danach werde weise,
schicke ein Scheinchen
auf die Reise.
denn ein klein wenig Geld,
stillt manchen Hunger
auf der Welt.

Dein Schatten.

Wenn dein Schatten
einen Schatten hätt,
dann würde er dir sagen,
kann deinen Schatten
niemals mehr ertragen.

Er ist meist grösser
noch als Du,
wortlos meist im Licht,
versteht dein seltsam
Denken, heut und morgen nicht.

Du sprichst von Menschlichkeit,
dein Schatten schämt sich sehr,
Ach,
wenn ich doch nicht,
dein Schatten wär.

Drum wird dein Schatten
einst nicht mehr
bei dir sein.
Er ist empört
und lässt dich nun allein

Alle die den Schatten
hatten,
übertrieben groß,
werden oft an manchen Tagen
ihren Schatten los.

Alter Wagen

Lieber alter Wagen,
hast uns schon viel getragen,
beweget nur von einem Pferd,
warst für uns voller Wert.

Alter Wagen,
wir mögen dich sehr,
weil du getragen,
was für uns zu schwer.

Bildung !

Konnte heute erkennen,
dass Bildung
im Lande
ist eine Schande!

Konnte erfahren,
bei manch Kommentaren,
dass Wissen fehlt,
und nicht mehr zählt.

Alle schreien
in diesem Lande,
wo es oft fehlt
am Verstande.

Einer will dies,
der andere das.
Gemeinsames Leben,
will keiner erstreben,

Religion finde ich gut,
eigentlich mach es mir Mut.
überall steht dort geschrieben,
man soll auch seinen Nächsten lieben !!

Vergessen nun in dieser Welt,
wo nur Mord und Totschlag zählt.
jedes Leben ist es wert,
Hals abschneiden ist verkehrt.

Lasst uns all zusammenleben,
erhebt euch gegen Tod und Mord,
sonst sind wir schneller als wir denken,
vom Planeten Erde fort.

Die letzte Hürde !

Herzzerreißend flehend weinen,
einmal noch die Rosen sehen.
Überladen mit Gefühlen,
wenn Flüsterwinde leise wehen !

Eilt herbei ihr Erdenbürger,
seht den Himmel blutig rot.
Schwarze Schatten senken nieder,
vertilgen euer letztes Brot.

Vögel nicht mehr zwitschernd fliegen,
von verdorrtem Baum zu Baum.
Tausend Fische trocken liegen,
starb der allerletzte Traum !

„Alle" wollten immer mehr,
gottgleich sein das war ihr streben.
Die letzte Hürde vor dem Ziel,
beendet euer nutzlos Leben !

Eisenbesen

Kehrt mit eisenharten Borsten,
den Weltendreck hinaus ins All.
Dann wird die Welt genesen,
hier und dort und überall.

‼
Wer im Hintergrund steht,
kann am besten erkennen
was im Vordergrund geschieht.

Auf geht's Kollegen.

Auf geht's Kollegen,
wir gehen voran,
beenden gemeinsam
rassistischen Wahn.

Auf geht's Kollegen,
wir alle dabei,
zusammen marschieren,
laut unser Schrei.

Auf geht's Kollegen,
wir stehen uns bei,
ein Leben in Würde,
dann sind wir frei.

Auf geht's Kollegen,
ob Mehmet ob Karl,
ob Luca ob Pedro,
ist völlig egal.

Auf geht's Kollegen,
in dieser Welt,
für unsere Arbeit,
gerechtes Geld.

Auf geht's Kollegen,
es kann nicht sein,
wir trinken Wasser,
und Bosse den Wein.

Auf geht's Kollegen,
Glück auf, erster Mai,
macht alle mit,
seid alle dabei.

Helft mir.
Kannst nicht schreien,
weil dein Schrei mit dir versinkt.
Wolltest doch nur leben,
den Sonnenaufgang sehen.
ein letzter Blick zum Himmel,
Gedanken nun vergehen!
Meereswellen singen leise
von dir und von Gerechtigkeit,
der Mond ersetzt dein
Grabeslicht,
Manche freuen sich
denn sie wollten dich nicht !

Herbstfarben

Tanze heut um deine Farben,
„du" Herbst hast sie gebracht,
verschlossen werden alle Narben,
die uns einst beigebracht.

Nebelwände steigen,
hinauf zum hellen Licht,
wird allen Menschen zeigen,
der Herbst ist ein Gedicht.

Morgens Leuchten, Glitzerwald,
Farben voller Pracht,
sieh hin, die Farben gehen bald,
weil Natur es macht.

Der Tag vergeht,
Dunkelheit kehrt ein,
da der Planet sich dreht,
bald wieder Sonnenschein.

Ein Jahr vergeht,
der Herbst kommt neu,
ihr wieder seine Farben seht,
er bleibt uns Menschen treu.

Als die Fische fliegen lernten.

Als die Fische fliegen lernten,
war ihr Lebenselixier,
voller Gift und Schlamm,
also dann.

Bis in die Wolken,
flogen sie.
um zu überleben,
so sind die Fische eben.

Wale, Raubfisch und Makrele,
waren keine Feinde mehr,
wenn es ums eigene Leben geht,
hilft Feindschaft auch nicht sehr.

Und die Menschen, was tun die?
Sie bauen neue Waffen,
um vom giftig Wasserschlamm,
etwas zu erhaschen.

Amen

Apfelbäume tragen Früchte der Trauer,
Friedenstauben steigen nicht mehr auf!
Zwischen den Welten
eine undurchdringliche Mauer,
bis in den Himmel, hoch hinauf.
Sie morden und brennen in Gottes Namen,
beiderseits der unsichtbaren Wand.
Alle sagen „Amen"
Wer reicht zuerst die Hand?
Die Handlanger des Teufels dürfen nicht siegen,
des Sensenmannes Knechte.
Sie feiern und lachen
im Angesicht des Todes.
Wo sind Gute und Gerechte?

Traumgesichter

Gesichter aus unbekannten Welten,
erscheinen dir im Traum, fast jede Nacht.
Du sollst böses nicht mit bösem vergelten,
denke nach wenn du erwachst.

Was man dir im Traum hat aufgetragen,
nur Mut, versuche jeden Tag und jede Stunde,
nicht mehr zu versagen,
menschlich zu sein aus diesem Grunde.

Den Guten werden sie dich nennen,
Träume waren nicht vergebens.
Alle werden dann erkennen,
die Priorität des Lebens.

Niemals wieder Kriege mehr,
nur innerlicher Friede,
gemeinsam sind wir nun daheim,
im großen Weltgefüge.

Dumm und stur!

Man kann nicht sehen,
auch nicht hören,
keiner wird verstehen,
da könnt ich schwören!

Sah keine Nächstenliebe, sah nur Hass,
hörte Menschen klagen,
lange macht dies keinen Spaß,
das will ich heut euch sagen.

Gerechtigkeit war fern,
Egoismus pur,
ihr hört das wohl nicht gern,
seid halt dumm und stur!

Lieder

Manche Lieder klingen leise,
die alten sind verklungen.
von Freiheit und Gerechtigkeit,
nicht ins Herz gedrungen.

Alle Menschen wären frei,
nur noch lachen wenn man kann.
Herzen wurden schwer wie Blei,
Dummheit ist oft schuld daran.

Sterne funkeln zornig hell,
der Mond wird rot aus Scham.
beendet wird nun schnell,
so mancher menschlich Wahn.

Man lässt andere ersaufen,
sie passen nicht in eure Welt.
Ablass kann keiner kaufen,
am Ende wird gezählt

Der Pflaumenbaum

Umgeben ist von einem Gitter,
damit kein unbekannter Dritter,
die letze Pflaume holen kann,
irgendwann !
In diesem Gitter und dem Zaun,
leben Menschen,
glaubt man kaum,
in sich selbst gefangen!
Außerhalb des Zaunes Gitter,
stehen Bäume voller Frucht,
keiner will den Platz verlassen,
nicht nach neuem sucht.
Mancher Menschen altes Denken,
bleib am Pflaumenbaum,
Die Gitter drum herum,
stört sie kaum.

Es ist nun Zeit, um euch zu sagen,
reißt alle Gitter schnellstens ab,
sonst wird der Platz am Pflaumenbaum,
euer aller Grab !

Ich sah!

Getragen über die halbe Welt,
über Gut und Böse hinweg,
sah unendliche Gier
nach Macht und Geld,
Leben ohne Sinn und Zweck.

Sah perverses pur,
sah Sex und Drogen,
Misshandlung, Vergewaltigung
und Mord.
Lüge und Betrug,
hörte nie ein liebes Wort.

Sah die Tiefen der Einsamkeit,
schwarze Seelenhöhlen,
Zivilisation
dem Untergang geweiht,
man kann die Tage zählen.

Die Ballade
vom toten Flüchtling.

Er wollte leben,
ach, keine Sorge,
nicht so wie du.
ein Stück Freiheit atmen,
war sein Ziel.

Ein Land, ein Kontinent,
wo die stärksten Mauern brechen,
wo Prediger sonntäglich
von Nächstenliebe sprechen,
da will er sein.

Doch
alles nur Phrasen,
er der so viel Leid
erfahren hat,
man lehnt ihn ab!

Er will doch nur atmen.
Er will doch nur frei sein.
Er will doch nicht
dein Hab und Gut.
er will dein Freund sein.

Leider ist
der „Henkel" vom Trog
der Menschlichkeit gebrochen.
Man schickt ihn zurück,
in den Tod.

Klar …..

Irgendwann
lässt jeder zurück,
was ihm wichtig war !

Immer näher

Eiskalte Hände umschlingen
mein zitterndes Herz.
Grauenhafte Laute, Kriegstrommeln,
Todesschreie.
Kreischen quält meine Sinne.
Gnadenlos kommt das Unheil
auf mich zu.

Immer näher!

Ein See voller Blut,
Panzerketten, Kanonen,
Rufe nach Erbarmen martern mein
Gehirn.
Bin ich wahnsinnig.
Tausend Augenpaare starren mich an,
voller Hass, voller Angst, tot.
Reue, zu spät.
Der Gabentisch des Untergangs
ist angerichtet

Satt blind und taub,
Wo war ich als sie nach Hilfe schrien?
Als ihre Kinder starben.
Mein Denken bestand nur noch aus
mehr,
mehr, immer mehr.
Nun sind sie da!

Ihre Klagen sind wie glühende
Peitschenhiebe,
auf den nackten Rücken
der sorglosen Falschheit.
Aus der Lethargie des
Gnadenlosen erwacht

Zu spät.

Des Volkes Stimme schweigt

Lustlos, gedankenlos, machtlos,
Netzwerke des Bösen
umspannen die halbe Welt.
Kriegstreiber und Mordbrenner
werden immer mehr!

Globalverbrecher suhlen sich
im Sumpfe der Armut,
kreischend,
mit gnadenloser Gier.
Des Volkes Stimme schweigt!

Menschen, starrer Blick, tote Augen,
desillusionierte Roboter.
Solidarität, Sozial, Teilen, Helfen,
Worte ohne Wert.
Nur noch bitteres Schweigen.

Das Labsal Gerechtigkeit,
weicht der Torheit „Angst"
Alle wären gleich,
nur noch lachen, wenn man kann.
Träume von Verlierern.

Festgekrallt an Hoffnung,
bis zum Ender ihrer Kraft.
Ohne Abschiedsglocken,
selbst Kirchenchöre schweigen!
Keine Sänger, keine Lieder.

Was haben sie aus uns gemacht?

Frei.

Frei ist nur der,
der ohnc Vorurteile,
gegenüber anderen ist

Kleiner Wicht.

Ach, er ist halt nur ein Wicht,
im großen Weltgeschehen,
Geschichte schrieb er nicht,
er musste schaffen gehen.

Es sah die Tagesschau,
nach der Maloche, jeden Tag,
hat über alles nachgedacht,
konnte manches nicht verstehen.

Dass Menschen Hunger haben,
viele ohne Arbeit sind,
Krieg und Tod und andere Dinge,
rauben ihm die letzten Sinne.

Oft denkt er an Menschlichkeit,
alle gleich auf dieser Erde,
doch Macht und Geld ist nicht bereit,
damit es besser werde.

Drum ist und bleib er nur ein Wicht,
im großen Weltgeschehen,
doch andere sehen nicht,
dass auch sie vergehen!

Genossen…….

Genossen verdrossen,
viele Dinge,
sind nicht mehr,
in ihrem Sinne.

Genossen verdrossen,
ganze Welt,
von Kapitalisten,
unterhöhlt.

Genossen verdrossen,
Kriege und Tod,
erneuert endlich,
das leuchtende rot.

Genossen verdrossen,
höret nun auf,
zur Mitte steuern,
euren Verlauf.

Dann sind Genossen,
nicht mehr verdrossen,
neues Denken muss sein,
dann wieder daheim!

Rivalen

Zwei oder mehr,
mögen sich nicht sehr.
Rivalen bis aufs Blut,
ist für keinen gut!

Durch Verrat und Stress und Streit,
wird der Gemeinschafssinn entzweit.
zusammenhelfen, zusammen stehen,
würd`s allen Menschen besser gehen.

Leider ist das nicht der Fall,
Ego wird zum Täter.
Bald gibt es einen lauten Knall,
trifft immer den Verräter!

Man sagt dies wär Gerechtigkeit,
dass man Betrug erkennt.
Dadurch so manche Menschlichkeit,
im Lügenfeuer brennt!

Meine Reise ins ich

Wie im Rausch zu fernen Welten,
Gedanken überschlagen sich.
manche Bilder traumhaft schön,
andere nicht.

Gebirge von Lebensillusionen,
nicht erklommen, der Weg zu steil,
dem Abgrund oft entkommen,
Brücken waren mein Heil.

Ich wandere weiter;
auf geraden Wegen,
so wie im Leben,
eben.

Zurück von der Reise,
wieder daheim.
Such meine Illusionen,
und geh auf sie ein.

Man zündelt wieder!

Man zündelt wieder hier im Land,
spielt gerne mit dem Feuer,
doch wenn die zündelt Hand verbrannt,
wird das für alle teuer!

Damals war es,
vor nicht mal hundert Jahren,
mit zündeln man begann,
irgendwie und irgendwann.

Menschlichkeit in Brand gesetzt,
Menschenwürde wurde verletzt,
viele tausend Tote
war die Quote!

Will man wieder Totenlieder,
fern der Menschlichkeit,
lebt endlich eure Ehre wieder,
seid nun zum Helfen gern bereit!

Alle Zündler sollen wissen,
man wird sie nicht vermissen, dass,
in der Gemeinschaft aller Menschen,
sie nur Außenseiter sind!

Der Frosch

Übel, übel,
sagte der Frosch,
oben ein Kranich,
unten ein Hecht,
das ist schlecht !

Bereit !

Bist du bereit,
zur Menschlichkeit,
dann will ich dir
heut sagen,
alles gut
und keine
anderen Fragen!

Mistkäfer

Mistkäfer, viele,
hier im Land,
die den Mist von
Misten stehlen.
Manche brauchen den Gestank
um den eigenen,
zu verhehlen,

Es ist so wie es ist,
Mistkäfer sammeln Mist,
um zu überleben.
Doch manche Stinker
hier im Land,
reichen Mist
von Hand zur Hand,

Meist Käfer mit zwei Beinen,
man sagt sie hätten
ein Gehirn, in der Birn.
Ich glaube es nicht,
denn jene
die im Scheißdreck wühlen
sind fern von jeglichen Gefühlen.

Deshalb,
aus diesem Grund,
sind Käfer sehr gesund.
Doch die,
die Mist auf andere schmeißen,
werden irgendwann
begreifen !

Nebelfetzen

Taumelnd tanzen Nebelfetzen,
in des Tages Glitzerwelt, Ach,
was woll´n die Nebelfetzen,
in unsrer schnöden Menschenwelt.

Hoch sie steigen über Lande,
ohne Ziel ihr Weg.
Vergehen lautlos oft aus Scham,
in des Windes Spiel.

Sie erkennen manche Schande,
verfluchen nun ihr Sein.
da auf der Welt, im eigen Lande,
herrscht nur Qual und Pein.

Natürlich haben sie gesehen,
dass manche Bäuche satt.
Doch andere sind voller Hunger,
Nebelfetzen danken ab.

Tags darauf, sie steigen wieder,
ohne Singen, ohne Lieder.
Sie wollen allen Menschen sagen,
alles Leid gemeinsam tragen!

Wenn du am Morgen Nebel siehst,
dann denk an meine Worte.
Dass Nebelfetzen irgendwann,
dir öffnen manche Pforte.

Nebel

Nebel steigen über Lande
und verdecken manche Schande.
Oft freut es einen sehr,
sieht die eigenen Fehler nun nicht mehr !

Auch ich habe mich ab und zu gefreut.

War im Urlaub

War im Urlaub,
Super Hotel,
Essen und trinken,
sensationell.

Teller voll.
bis zum Rande,
mancher Proll,
ist eine Schande.

Sich überschätzt,
zu viel genommen,
ich bin entsetzt,
ab in die Tonnen.

Selbst Kuchenbelag,
hab´s gesehen
kratzen sie ab,
kann`s nicht verstehen.

Manche sind Säue,
ohne Verstand,
jährlich auf`s neue
Sorry Urlaubsland !

Der Mensch und seine Suppe

Heute zählen andere Dinge
als Menschlichkeit,
nur Gewinn und Profit.
Selbst wenn der Teufel,
in die Suppe speit,
essen alle mit.

Des Teufels Suppe mundet sehr,
herrlich dieses süße Leben.
Doch eines fällt halt schwer,
anderen Menschen abzugeben!

Einmal kommt der Tag,
an dem die Suppe nicht mehr schmeckt,
es hilft dann keine Klag,
wenn ihr mit Erde zu gedeckt!

Wenn man………

Wenn man sieht,
was geschieht,
das nicht will,
bleibt man nicht still.

Wenn man hört,
was empört,
dann nichts sagt,
hat man versagt.

Wenn man liest,
was verdrießt,
kauft man nicht,
den Bericht.

Wenn man spricht,
mit Gewicht,
gemeinsam abgestimmt,
der gewinnt.

Wenn Menschen all,
in großer Zahl,
verstehen und gestalten,
bleibt die Welt erhalten.

„!"

Das Problem der Menschen ist nicht der Glaube,
sondern was mit dem Glauben gemacht wird !!

Die Mär vom Irgendwann!

Im Land wo Wälder Lieder singen,
alle Menschen neu beginnen,
wo man gemeinsam glücklich ist,
vergangenes sehr schnell vergisst.

Blumen voller Lust erblühen,
Farben die niemals verglühen,
wo Liebe Teil des Lebens ist,
mit völlig anderen Maßen misst.

Man sagt es wäre das Paradies,
wohin man keine Menschen ließ,
es gäbe sonst nach wenig Tagen,
böses Blut und viele Klagen.

Menschen können nicht vergeben,
in ihrem Leben.
Ändern sie einst nichts daran,
gehen sie unter „Irgendwann"

„Nehmen"

Menschen, bald ist es soweit,
ihr habt es weit gebracht,
täglich, stündlich seid bereit,
dass man euch kleiner macht!

Ihr wolltet weder hören,
noch konntet ihr verstehen,
man kann nun darauf schwören,
ihr werdet untergehen!

Nur nehmen geht halt nicht,
zu groß sind seine Wunden,
nie übtet ihr Verzicht,
zu sehr wurde er geschunden!

„Ihr" fragt um wen´s hier geht,
ich würde in Rätseln sprechen,
es geht um euren Planet,
bald wird er zerbrechen!

Tapferes Mädchen !

Erschüttert bin von Tugce´s Tod,
die anderen half in ihrer Not.
Menschen schweigen,
erkennen nicht
was zerbricht.

Totgeschlagen in der Stunde,
als sie mutig war,
viele sahen weg,
was sie immer tun,
gegen Leid, immun!

Der Mörder lacht,
hat kein Problem,
sein Anwalt macht,
hat keine Sorgen,
will Bewährung heute, morgen!

Steht auf ihr Menschen,
steht endlich auf,
lasst der Gewalt kein freien Lauf,
gemeinsam gegen Schläger gehen,
würd Tugce noch im Leben stehen

Dezemberlichter

Leuchtend Lichter in der Nacht,
heller Glanz und voller Charme,
viele Menschen spüren nicht,
die Wärme von dem Licht.

Manch Gesicht,
kann nicht erkennen,
in Ihrer stillen Not,
dass im Dezember Lichter brennen.

Sie sehen brennen, Tod,
wenn Bomben explodieren,
Dezemberlichter sehn sie nicht,
da Hass und Neid regieren.

Alle die, die Lichter sehen,
am Abend durch die Straßen gehen,
lasst Licht in euer Herz hinein,
in Frieden uns zusammen sein.

Auch jene die in dunkler Nacht,
voll Schmerz und Hunger weinen,
sind Menschen so wie du und ich,
lasst uns all vereinen.

…….vom tiefen Fall !

Bodenlose Tiefen,
freier Fall,
Geister die sie riefen,
aus dem Todes – Tal.

Das Universum lebt,
helles Licht,
Macht und Geld erstrebt,
armer Wicht.

Viele tausend Tote,
nach dem schlimmen Krieg,
des Sensenmannes Bote,
feiert seinen Sieg.

Glaubt nicht ihren Phrasen,
von Herrlichkeit und Pracht,
einst wird man euch bestrafen,
weil man euch kleiner macht !

Der Tod stellt keine Fragen

Nicht verzweifeln, nicht verzagen,
Der Tod stellt keine Fragen !
Ob du viel oder nichts getan,
ob du reich warst oder arm,
ob gefangen oder frei,
irgendwann ist es vorbei !
Wenn du in seinem Buche stehst,
ob du weinst oder ob du flehst,
ob du betest oder fluchst,
ob du findest oder suchst,
verlöscht dein Licht.
Heute oder irgendwann,
dann holt dich der Sensenmann !

Lied der Arbeit!

Wir haben geschafft,
Fast achteinhalb Stunden,
uns am Computer,
zu Tode geschunden.

Wir haben vier Chefs,
die Arbeit vergeben,
im großen und ganzen,
könnt man damit leben.

Das weniger gute an diesen Sachen,
wir sind nur zwei die, die Arbeit
machen,
wir sehen es ein,
Kontrolle muss sein

Plötzlich halb vier,
der Atem geht schneller,
zuhause liegt Kuchen
schon auf dem Teller.

Es ist Vier, viele gehen heim,
andere müssen länger hier sein,
Meist noch Zwei, Drei Stunden,
sonst ist die Firma bald verschwunden.

Und die, die gehen,
gehen in Frieden,
denn nichts blieb,
auf dem Schreibtisch liegen !

Logisch

Es ist logisch,
dass eigene Gedanken,
für andere
unlogisch sind.
Aber es ist unlogisch
zu glauben,
dass eigene Gedanken,
für andere
„nicht"
logisch sind!

Die Lüge vom menschlichen Menschen!

Einst in den alten Zeiten,
jagte man in unserem Land,
andere in Leid und Schmerz,
lies sie im Gas verenden.

Nun wieder demonstriert der Mob,
viele tausend auf den Straßen,
unter neuen Namen ……
ihr könnt den Namen ahnen.

Sogar Mütter sind dabei,
Entschuldigung,
ich geh mich übergeben,
eben.

Im Urlaub in der Sommerzeit,
war jeder Demonstrant bereit,
Gastfreundschaft genießen,
von diesen !

Plötzlich im Dezember Licht,
in dieser friedlich Zeit,
sieht man nur sich,
und Qual von anderen nicht.

Ich selber wünsche mir von Herzen,
Demonstranten Schmerzen,
Vielleicht erkennt man dann,
was Menschlichkeit so kann.

Hirn in der Birn

Ich hab gedacht, dass in der Stirn,
bei allen Menschen wäre Hirn!
Doch bei Populismus Fragen.
will ich heute gerne sagen,
dass in mancher Birn,
mehr Stroh ist als Gehirn !

Gläserne Augen

Gläserne Augen weinen nicht
und können auch nicht sehen,
wenn alles einst zusammenbricht,
sie werden´s nicht verstehen

Dann

Irgendwann, dann
verklingen
alle Lieder.
von Liebe
und von Ehre,

Das sei dir bewusst,
und sei dir eine Lehre.
Keiner singt nun mehr,
den Text
mag man nicht mehr.

Funktionär

Wär so gerne FIFA Funktionär,
würde sehr schnell Millionär.
„Einem" meine Stimme geben,
und danach im Reichtum leben.

Mein Geldsack wäre immer voll,
Ach wie toll.
In besten Hotels dieser Welt,
schlafen, essen ohne Geld.

Die besten Fußballspiele sehen,
könnt ihr alle mich verstehen.
Pokale an die Größten geben,
was ist schöner noch im Leben.

Mein Spiegelbild das ist mir klar
wäre nicht mehr wie es war.
Drum bleibe ich so wie ich bin,
korrupt sein hab ich nicht im Sinn !

Ich schäme mich!

Schade,
dass in mancher
Menschen Stirn,
wenig Hirn.

Ich schäme mich,
für euren Hass,
gegenüber denen,
die sich nach Freiheit sehnen!

Man demonstriert,
man applaudiert,
nicht bereit
für Menschlichkeit.

Gerade jene,
die sich nach Freiheit sehnten,
drehen heute alles um,
warum ?

Wir sind das Volk,
das waren große Worte,
wird nun missbraucht,
von der braunen Sorte.

Doch ihr seid nicht das Volk,
kleine Wichte seid ihr nur,
die Menschlichkeit erhebt sich nun,
gegen das, das die Rassistentum.

Jeder Mensch auf dieser Welt,
ist allen anderen gleichgestellt,
alle haben rotes Blut,
und jedes Blut ist gut genug.

Wenn wir alle das erkennen,
dürfen wir uns Menschen nennen,
ob in Dresden, München oder Bonn,
Menschlichkeit sei euer Lohn.

So oder So

Auch Flüchtlinge die eine Heimat suchen,
ihr überleben bei uns buchen,
erkennen ihre Qual und Pein,
wo wird einst Ihre Heimat sein.

Leider nicht in unserem Lande,
Menschen hier sind eine Schande,
selbst in der Weihnachtszeit,
zum helfen nicht bereit.

Man geht auf Straßen, demonstriert,
die Würde man verliert,
nur noch tote Seelen.

Mütter, Väter sind dabei,
mit feindlichen Gedanken,
einst waren sie nicht frei,
nun fallen alle Schranken.

Ich wünsche mir in dieser Welt,
dass Kinderlachen all gefällt,
auch in deutschen Landen.
Liebe ist vorhanden.

Ich hör mit Worten ,
nicht mehr auf,
lass Rassisten keinen Lauf,
will immer es beklagen.

Sorry

Sorry Leute,
glaube nicht,
dass der Mensch
nicht menschlich ist.
Wenn alle sich vertragen,
neue Welt
In sieben Tagen

Ausländer !

Dieses Wort belastet mich,
es gibt keine in unserem Land,
es gibt nur Menschen!
um würdig hier zu leben.

Plötzlich irgendwo,
sieht man das nicht mehr so,
meist dort wo die Gedanken,
menschlich wanken,

Klar im deutschen Land,
wird Menschlichkeit verbrannt,
will man nun zurück,
in Nazi Zeiten Stück für Stück.

Auf die Straße, neue Partei,
welch eine Sauerei,
die mit ihrem Nazi Denken,
Menschen in den Abgrund lenken.

Man demonstriert,
und verliert,
die Achtung vor sich selbst,
anderen gefällt´s.

Lasst uns zusammen leben,
in Würde und Gerechtigkeit,
keine Kriege würd´ s mehr geben
wenn alle sind dazu bereit.

Denken

Denken,
lenken,
ohne Hass,
nur Liebe.
Ergibt
für alle,
Siege.

Regelungen

Es gibt so manche Regelungen,
die selbst von Menschen wern besungen,
manche müssen sein,
das sehe ich ein.

Doch Regelungen für mein Leben,
lass ich mir nicht geben.
Ich bin frei bin Demokrat,
und sag was ich zu sagen hab.

Mancher Mensch auf dieser Welt,
ist leider mir nicht gleichgestellt.
Er muss nach Regeln leben,
die von oben sind gegeben.

Er darf sein Leben nicht verwalten,
nach eigenen Regeln es gestalten,
Drum werden viele Regelungen,
nicht besungen weil erzwungen.

Gemeinsam muss man nun erstreben,
allen eine Regel geben,
die wichtigste wär irgendwann,
dass was man denkt auch sagen kann!

Stehen bleiben!

Wer stehen bleibt
in seinem Leben,
ohne Wünsche ohne Traum,
verdorrt wie toter Baum.

Doch wer gewollt hat
seine Träume,
nicht nur hinter her gerannt,
hat erkannt.

Manchmal werden diese wahr,
das ist klar,
Manchmal aber sind die Träume
nur riesengroße Schäume.

Von seinen Wünschen träumen,
und sie real einst zu erleben,
wird es für den der stehen bleibt,
nic im Leben geben.

Wer immer stand im Leben,
nie genommen, nie gegeben,
nie nach vorne sah und ging,
erkannte nicht des Lebens Sinn.

Zivilisation !?

Habe Bilder gesehen,
kann nicht verstehen,
Menschen wären zivilisiert,
irgendwie bin ich verwirrt.

Tiere die im Dreck verrecken,
meist auf engstem Raum,
oft aus produktiven Zwecken,
bin verwirrt und glaub es kaum.

Weil wir Vielfleischfresser sind,
wird manch Schwein und Rind
in Massenzucht gehalten,
um unser Fressen zu gestalten.

Selbst Hühnerküken Leben,
die, die keine Eier geben,
wirft man lebend in Maschinen,
die zum Töten dienen.

Ich gebe zu, ich bin verwirrt,
habe mich sehr oft geirrt,
wenn Fleisch auf meinem Teller ist,
von Lebewesen die man frisst.

Bin nicht Vegan, werd´ s nie sein,
schwöre aber hier auf Erden,
dass Hühner, Rinder , Schwein
ein schönes Leben haben werden.

Ich kaufe nur beim Bauern ein,
natürlich wird es teurer sein,
verändert man den Fleischverzehr,
fällt dieses ins Budget nicht sehr.

Einmal pro Woche Fleisch
das wäre unser Preis,
auch Reibeküchle und Salat,
machen alle Menschen satt !

Im Wandel der Zeit

Im Wandel der Zeit,
wird vieles vergessen,
auch Freud und Leid,
das man einst besessen.

Im Wandel der Zeit,
sterben Gedanken,
Unmenschlichkeit,
kennt keine Schranken.

Im Wandel der Zeit,
sind einige satt,
andere hungern,
bald macht man uns platt.

Im Wandel der Zeit,
Natur wird zerstört,
die nicht uns
sondern den Kindern gehört.

Im Wandel der Zeit,
voller Moderne,
erlöschen einst,
am Himmel die Sterne.

Im Wandel der Zeit,
wenn all wir uns ändern,
kann man gemeinsam,
die Welt verändern.

Mein Freund

Mein Freund ist Moslem,
ich bin Christ.
Was nicht zu sehen ist,
Er steht mir bei,
ich steh zu ihm,
weil wir
die besten Freunde sind.

Pechschwarze Wolken

Pechschwarze Wolken
am ewigen Firmament,
ziehen ihre Spur
der Falschheit entgegen.
Sehet ihr Menschen !
Seid ihr blind?

Donnergrollen
aus fernen Welten,
peinigen euer Gehör.
Worte schweigen.
Höret ihr Menschen !
Seid ihr taub ?

Die Erde bebt
Vulkane leben,
Feuer frisst Hab und Gut.
Vater im Himmel.
Betet ihr Menschen !
Habt ihr vergessen ?

Fast alles Leben
vergeht in der Nacht,
Von Mutter Natur,
ganz klein gemacht.
Verstehet ihr Menschen!
Seid ihr dumm?

Wer

Wer sauber, schmutzig macht,
sollte selbst dringend duschen gehen !

Der Plan.

Wenn der Mensch
den Mensch verliert,
durch seinen großen Plan,
dadurch Menschlichkeit verliert,
wird sein Plan
zum Wahn.

Wenn der Mensch
den Mensch gewinnt,
durch einen neuen Plan,
dadurch Menschlichkeit gewinnt,
wird sein neues Denken
ihn zum Guten lenken.

Wenn der Mensch
nicht überlegt,
keine neuen Pläne macht,
über Menschlichkeit nur lacht,
wird sein schändlich streben,
die Quittung ihm einst geben.

Zeichen

Zeichen vergessen,
lautes Kreischen.
Nicht erkannt,
die ehrliche Hand.
Sich selbst verloren,
Eingang versperrt,
Manchem der kommt,
den Eintritt verwehrt.

Wir Menschen

Wir sind Menschen,
lieben die Welt.
Allen und jedem
das gefällt.
Doch die,
die in Armut leben,
nach besserem Leben streben.
suchend zu uns kommen,
wird alle Hoffnung genommen!

Als er kam

Als er kam,
war er arm,
seine Haut war braun,
sein Gesicht war fahl,
egal.

Als er sah,
was er sah,
kein Mensch war ihm nah,
man wollte nicht,
sein braunes Gesicht.

Demonstration,
von Zivilisation,
Auf Plakaten stand,
er wäre eine Schand,
fürs Land.

Feuersbrunst
in seiner Unterkunft,
sein braunes Gesicht,
schaffte es nicht,
zu überleben.

Auch Demonstranten
der Zivilisation,
werden einst gehen,
im Feuer stehen,
ohne Plakat.

Menschlichkeit geben,
für jedes Leben,
jedes Gesicht,
wurde geboren im Licht !
auch seines.

Vorwärts Brüder

Vorwärts Brüder
Leinen los,
blickt nicht mehr zurück.
Neue Zukunft,
neues Denken,
jeden Tag ein Stück.

Auf geht's Schwestern
packt die Taschen,
gemeinsam wollen wir gehen.
Tag und Nacht,
zusammen wachen,
um Gerechtigkeit zu sehen.

All ihr Menschen
auf der Welt,
egal aus welchem Land.
Habt Respekt,
vor jedem Mensch,
reichet euch die Hand.

Helfer

Im Krankenhaus durfte ich erleben,
was Menschen für die Menschen geben.
In diesem Bereich,
sind alle Menschen gleich.

Ärzte, Schwestern, Krankenpfleger,
jeder ist ein Leistungsträger.
Patienten, ob schwarz, ob weiß, ob gelb,
ob rot,
man hilft allen in der Not.

Nächstenliebe, das ist viel,
Menschen helfen ist das Ziel.
Überall sollte das so sein,
man wäre auf der Welt daheim.

Wer weiterhin mit Fragezeichen,
alle Menschen will vergleichen,
wird einst verstehen und erkennen,
und sein Vorurteil verbrennen!

Gruß von der Natur!

Heult der Sturm
aus steilen Landen,
bis in die Ewigkeit hinein,
berichtet er von unseren Schanden.

Blutroter Regen
peitscht hernieder,
bis in den Höllenschlund,
vergessen sind nun alle Lieder.

Brocken aus Eis,
aus tiefdunkler Nacht,
schlagen in die geschundene Erde,
vernichten all unsere Pracht.

Glut aus dem All,
von ewigen Zeiten,
bis zum Ende der Welt,
wird Feuer uns begleiten.

Ach, es wäre schön,
wenn die Menschheit erkennt,
es gilt neue Wege zu gehen,
dass die Welt nicht verbrennt.

Das Gesicht

Manches lacht und manches spricht,
manches weint, danach zerbricht.
Manches voller Zorn und Hass,
manches voller Freud und Spaß.

Jedes ist ein Unikat,
ob harte Züge oder zart.
Jedes Gesicht auf dieser Welt,
wir einst mit gezählt.

Doch für manches Angesicht,
zählen andere Gesichter nicht.
Einst macht man auch Gesichter platt,
deren Bauch war immer satt.

Irgendwann, ihr könnt mir glauben,
schließen Gesichter ihre Augen.
Dann fragt man dein Gesicht,
hast du geholfen, „oder nicht"

Flüchtende!

Bertolt Brecht und Willy Brandt,
flohen einst aus diesem Land.
Otto Wels und viele Leut,
haben das fliehen nie bereut.

Sie mussten sich vor Schergen,
irgendwo verbergen.
Willkommen nun im anderen Land,
man hat erkannt.

Nun geht es wieder los,
Digas sind besessen,
Menschlichkeit vergessen,
bis euch der Teufel holt.

Manche im Lande,
sind eine Schande,
wenn ich euch demonstrieren sehe,
ich mich übergeben gehe.

Jeder der zu Haus bedroht,
der zu uns kommt in seiner Not,
dem muss geholfen werden,
überall auf Erden.

Wenn wir alle dies erkennen,
dürfen wir uns Menschen nennen,
jeder der dies einst vergisst,
wünsch ich, dass er mal Flüchtling ist.

Echte Männer

Echte Männer weinen nicht,
echte Männer stehen im Licht,
echte Männer können sagen,
dass sie die Welt auf Schultern tragen !

Ich würd …
Ich würd euch gerne sagen,
ihr seid mir all egal.
Ich würd euch gerne sagen,
ihr seid nicht mehr normal.

Ich würd euch gerne sagen,
der Bauch ist gut gefüllt.
Ich würd euch gerne sagen,
manch Hunger nicht gestillt.

Ich würd euch gerne sagen,
wenn ihr am Tage lacht,
Ich würd euch gerne sagen,
werden Menschen umgebracht.

Ich würd euch gerne sagen,
es ist der Welten Lauf.
Ich würd euch gerne sagen,
nehmt Arme bei euch auf.

Ich würd euch gerne sagen,
wir müssen alle gehen.
Ich würd euch gerne sagen,
dann werden wir verstehen!

Die neue Welt

Nebel steigen, Regen fällt,
verändert hat sich unsere Welt,
wenn die Blumen nicht mehr blühen,
keine Vögel durch die Lüfte ziehen,
Fische in Trance im Wasser schwimmen.
Wenn Wälder keine Wälder mehr sind,
der Acker keine Frucht mehr bringt,
Menschen keine Lieder singen,
Kinder nicht auf der Schaukel
schwingen,
dann hat die Menschheit es vollbracht,
hat alles dies kaputt gemacht!

Zwischen den Zeilen lesen!

Zwischen den Zeilen lesen,
ist kein erkennen,
nur inneres brennen,
das Herz und Seele zerstört.
Der, der es schrieb,
dachte nicht,
dass durch sein Gedicht,
manches zerbricht !
Er will nur sagen,
ohne zu klagen,
dass vieles nicht stimmt,
die Seele verglimmt !
Erkennt man aber seine Worte,
ohne zwischen den Zeilen zu lesen,
wird Herz und Seele genesen !

Hallo liebe Leser,
ich würde mich sehr freuen
wenn man verstanden hat
was ich mit meinen Gedichten
sagen will.
Sollten meine Worte zum
nachdenken angeregt haben
wäre das einfach toll !

Danke und tschüss
euer Norbert Scheurig